LES AMOURS D'AUTOMNE,

OU

LES VENDANGEURS,

BALLET VILLAGEOIS

EN UN ACTE;

Par M. BLACHE, maître de Ballets du grand théâtre de Lyon.

Représenté, pour la première fois à Paris, sur le théâtre de la Porte St.-Martin, le 2 prairial an XIII.

PARIS,

Se vend au Théâtre.

———

AN XIII. (1805.)

PERSONNAGES.	ACTEURS.
LE SEIGNEUR.	M. *Philippe.*
Grégoire LATREILLE, bailli du lieu.	M. *Parisot.*
Jacquinet LATREILLE, son fils.	M. *Robillon.*
Le BAILLI du village voisin.	M. *Fusil.*
Le Père LAJOIE.	M. *Dugy.*
LUCETTE, fille du père Lajoie.	Mme *Quériau.*
COLIN, amant de Lucette.	M. *Morand.*
LISE, sœur de Lucette.	Mme *Blondin.*

Villageois.

MM. Sevin, Lemaire, Dumouchel, Alerne, Duriez, Soisson, Mérante et Justin.

Villageoises.

M^{Mlles} Etienne et Doutreville.
M^{Mmes} Denise Cornu, Glaise, Pauline, Denise, Victoire, Barré, Bégrand et Adèle.

Sabotiers.

M. Spitalier.
MM. Rousseau, Guy, Martin et Légé.

Sabotières.

Mlle Santiquet.
M^{Mmes} Duval, Julie, Tiger et Godet.

Nota. Les personnages sont en tête de chaque scène tels qu'ils doivent être au théâtre, le premier inscrit tient la droite qui est celle des acteurs.

LES AMOURS D'AUTOMNE,
OU
LES VENDANGEURS.

Le théâtre représente un hameau; le fond est occupé par une colline couverte de vigne, au haut de laquelle on apperçoit, à droite, la maison du bailli du lieu. Au pied de la colline sont deux arbres auxquelles est attachée une balançoire. Au troisième plan, à droite, est la maison du père Lajoie, avec une fenêtre au-dessus de la porte. Au premier plan, du même côté, est un tonneau de vin sur un chevalet. A gauche, au quatrième plan, on voit un hangard sous lequel est une cuve, des tonneaux et divers ustensiles propres à la vendange.

SCENE PREMIÈRE.
Le Père LAJOIE, Villageois.

Au lever du rideau le jour commence à paraître, des villageois descendent la colline, et vont frapper à la porte du père Lajoie. Celui-ci sort de chez lui, les reçoit avec amitié et fait prix avec eux pour vendanger ses vignes ; le marché conclu, il distribue à chacun un panier et leur indique les côteaux qu'ils ont à parcourir dans la journée. Pendant ce tems Lucette sort de la maison, regarde de tous côtés si Colin ne vient point. Le père Lajoie l'apperçoit, se doute du motif qui l'oblige de sortir si matin et lui ordonne de rentrer sur le champ, ce qu'elle fait. Les vendangeurs prennent congé du père Lajoie et partent pour aller au travail. Ce dernier satisfait de l'obéissance de sa fille et du zèle de ses ouvriers, les quitte joyeusement et va de son côté visiter sa cuve et ses tonneaux.

SCENE II.
JACQUINET.

Jacquinet sort du baillage, descend la colline, et s'achemine avec empressement auprès de la maison du père Lajoie pour offrir un bouquet à Lucette dont il est amoureux. Il frappe plusieurs fois à la porte, mais comme personne ne lui répond, il cherche à découvrir par la serrure ou par la chatière s'il y a quelqu'un dans la maison.

SCENE III.
JACQUINET, COLIN.

Colin arrive par la gauche de la colline qu'il descend précipitamment, Jacquinet, entendant du bruit, se retourne et fait le tour du théâtre pour savoir si personne ne vient le troubler; Colin le suit sans en être apperçu et se cache derrière un des arbres de la balançoire. Jacquinet, croyant s'être trompé, revient à la porte du père Lajoie, frappe de nouveau, mais inutilement. Il ramasse une pierre qu'il lance au contrevent de la fenêtre. Lucette paraît au balcon.

SCENE IV.
LUCETTE, JACQUINET, COLIN.

Lucette en voyant Jacquinet témoigne du mécontentement et veut se retirer; mais elle devient bientôt plus joyeuse en appercevant Colin qui l'engage à rester. Jacquinet fait un grand salut à Lucette ; Colin , n'étant apperçu que d'elle , lui donne aussi le bon jour qu'elle lui rend d'un air gracieux. Jacquinet, ne se doutant pas qu'un autre captive l'attention de Lucette , est enchanté de la manière engageante avec laquelle il est reçu ; il saute de joie , lui envoie des baisers et lui fait mille protestations d'amour. Colin répète geste par geste ce que fait Jacquinet ; les réponses de Lucette s'adressent à son amant, ce qui maintient Jacquinet dans l'erreur. Ne sachant comment lui témoigner sa satisfaction, il l'invite à descendre ; Colin lui fait la même invitation , elle y consent et se retire du balcon. Jacquinet , transporté de la plus vive allégresse, se met à danser d'une manière grotesque.

SCENE V.
COLIN , LUCETTE , JACQUINET.

Tandis que Jacquinet, sur le devant de la scène, exprime son contentement par des sauts et des gambades, Lucette et Colin s'entretiennent de leurs amours, ils rient des ridiculités du niais et forment le projet de s'en amuser. Celui-ci, tout occupé de son prétendu bonheur, veut aller au-devant de Lucette, il l'a rencontre en se retournant sans appercevoir Colin. Il lui offre son bouquet qu'elle refuse d'abord, mais appercevant Colin qui, de son côté, lui offre le sien, elle l'accepte, le jette aussitôt et prend celui de son amant qu'elle attache à son corset, après l'avoir pressé contre son cœur en présence de Jacquinet. Celui-ci enchanté veut prendre le bras de Lucette; par une passe adroitement faite, Colin présente le sien, dont le niais s'en empare, et lui baise ardemment la main croyant que c'est celle de Lucette; il fait de nouvelles gambades en allant à droite, la même passe recommence. Jacquinet, ivre de joie, veut embrasser Lucette qui recule et laisse Colin à sa place. Grand mécontentement de la part de Jacquinet; il témoigne ridiculement son humeur, et dit à Lucette de faire retirer Colin, qui, après avoir résisté, cède aux instances de sa maîtresse qui le prie de s'éloigner pour un moment. Jacquinet, ne voyant plus Colin, se jette aux genoux de Lucette. Danse joyeuse entre eux.

SCENE VI.

Le Père LAJOIE, LUCETTE, JACQUINET.

Pendant cette danse le père Lajoie sort du hangard et va cercler des tonneaux qui sont à côté de sa porte. Jacquinet l'apperçoit, court à lui et le conduit à l'avant-scène. Il lui déclare l'amour qu'il a pour sa fille et la lui demande en mariage; le père Lajoie y consent et l'engage à aller chercher son père avec lequel il réglera les articles du contrat. Jacquinet sort en courant et rentre au baillage, le père retourne à son ouvrage.

SCENE VII.

Le Père LAJOIE, LUCETTE et COLIN.

Colin sort de sa cachette, revient trouver Lucette; ils se désolent l'un et l'autre de la proposition de Jacquinet et du consentement du père Lajoie. Ils se décident à lui faire leurs confidences et vont le chercher. Lucette lui dit qu'elle n'aime que Colin et le prie de le lui donner pour époux; Colin, de son côté, lui fait la même demande. Le père Lajoie se fâche et les repousse l'un et l'autre; ils vont de nouveaule supplier et le cajoleent de leur mieux. Le père Lajoie se met en colère, chasse Colin et force sa fille de rentrer chez elle, il menace Colin, lui défend de parler désormais à Lucette et ferme la porte à la clef.

SCENE VIII.
COLIN, *seul*.

Colin s'afflige de la rigueur du père Lajoie; regarde à la fenêtre, espérant que Lucette s'y montrera; ne l'appercevant pas il se retire tristement.

SCENE IX.
LUCETTE, COLIN.

Lucette paraît au balcon, rappelle Colin qui revient précipitamment; il engage sa maîtresse à descendre, elle lui répond que son père a fermé la porte à la clef. Colin lui offre son mouchoir pour gage de son amour. Lucette va chercher un ruban qu'elle lui

B

jette en en retenant un côté ; ils baisent chacun un bout du ruban, changent ensuite de côté et reprennent le baiser qu'ils se sont envoyé. Colin attache son mouchoir, Lucette se retire et lui renvoie son ruban en échange. Colin fait signe à Lucette de descendre à la porte où il pourrait lui baiser la main par la chatière ; elle y consent. Pendant qu'elle descend Colin regarde de tous côtés si personne ne peut les surprendre, on apperçoit la main de Lucette, Colin s'en empare et la baise avec transport.

SCENE X.

LUCETTE, COLIN, JACQUINET, GRÉGOIRE, Le Père LAJOIE.

Jacquinet sort du baillage avec son père ; il apperçoit Colin, court à lui, l'arrache de la position où il était, et s'empare à son tour de la main de Lucette. Le père Lajoie arrive au même instant et marque sa surprise de les trouver dans cette position. Jacquinet se relève et se rapproche de son père. Ils saluent ensemble le père Lajoie qui leur demande le sujet de leur visite ; Grégoire lui demande sa fille en mariage pour son fils. Le père Lajoie a l'air d'y consentir et les engage à entrer chez lui pour parler de cette affaire ; au moment où ils se retournent, ils apperçoivent Colin tenant Lucette entre ses bras et qui leur fait entendre que personne ne pourra la lui arracher. Tout le monde blâme Colin de sa témérité ; Jacquinet furieux court sur Colin et veut lui enlever Lucette ; celui-ci le repousse de telle force qu'il va tomber loin de lui dans les bras de son père. Grégoire retient Jacquinet qui veut sauter sur Colin. De son côté, Lucette cherche à attendrir son père, Colin supplie aussi ; ils parviennent à l'attendrir ; le père Lajoie leur promet de les unir. Grégoire et Jacquinet, outrés de l'insulte qu'on leur fait, les menacent de leur ressentiment, Colin et Lucette rient de leur dépit, le Bailli et son fils rentrent chez eux transporté de colère.

SCENE XI

Le père LAJOIE, COLIN, LUCETTE, Vendangeurs, Vendangeuses, Sabotiers, Sabotières.

Les Villageois arrivent par le fond; c'est le moment du repos, ils demandent au père Lajoie de leur permettre de se divertir; il y consent, et pour avoir le plaisir de jouir de leur divertissement, il se fait servir à déjeûner devant sa porte. Danse villageoise, suivi du jeu des quatre coins, exécuté par Colin, Lucette et trois vendangeurs.

SCENE XII.

Les précédens, Le BAILLI du village voisin.

Pendant le jeu des quatre coins le Bailli entre furtivement, se cache derrière un arbre pour admirer Lucette dont il est amoureux; ses grâces, sa légèreté le transportent; le feu du desir pétille dans ses yeux, dans chaque mouvement, dans chaque geste qu'elle fait il découvre un nouveau charme. Le jeu fini, Colin rend les gages aux villageoises moyennant la pénitence imposée par lui ; Lucette seule trouve le moyen de lui soustraire son gage sans se soumettre à la peine ; elle fuit, ses compagnes la suivent, Colin la poursuit vivement.

SCENE XIII.
LUCETTE, LE BAILLI.

Au moment où tout le monde sort, le Bailli retient Lucette par le bras et la ramène sur le devant de la scène. Il lui demande où elle va ; Lucette répond qu'elle va vendanger et se sauve ; le Bailli la retient de nouveau. Il lui reproche son intimité avec Colin, il lui dit qu'il l'aime, qu'elle doit le préférer à ce jeune homme qui ne cherche qu'à la tromper : qu'elle sera la plus heureuse des femmes avec lui. Lucette lui répond qu'il est trop vieux pour se marier, qu'elle n'en aura jamais d'autres que Colin.

SCENE XIV.

COLIN, Le père LAJOIE, LUCETTE;
Le BAILLI.

Colin et le père Lajoie, qui ont éte témoins de cette scène, ne peuvent s'empêcher du ridicule amour du Bailli. Le père Lajoie, pour éviter désormais des demandes pareilles et voulant faire le bonheur de sa fille, promet à Lucette et à Colin de les marier ensemble. Le Bailli, piqué de cet affront, les menace de s'en venger, et pour cet effet il rentre en fureur chez le Bailli son confrère.

SCENE XV.

La colère du Bailli n'allarme point le père Lajoie ni les deux amans; les Villageois s'avancent, il les engagent à continuer leur danse. Tandis que les sabotiers dansent un pas de caractère, le père Lajoie, assis à l'ombre d'un feuillage, entouré de sa famille, semble se réjouir du bonheur de ses enfans, et de la gaieté qui règne sur tous les visages.

SCENE XVI.

Les précédens, JACQUINET.

Jacquinet sort du baillage, en habit de fêtes; le père Lajoie l'apperçoit, prend son tambourin, frappe dessus plusieurs coups pour avertir les villageois de l'arrivée du fils du Bailli, ceux-ci se rangent pour le laisser passer, et lui font, par dérision, de grands saluts; il a beau prendre un air de gravité, leur représenter le respect qu'ils doivent au fils de leur magistrat; ils ne se moquent plus que de son ton et de son air de prépondérance. Il se met en colère et va bouder dans un coin. Pendant cette scène, une jeune villageoise danse un pas seule. Lucette et ses compagnes forment le projet de s'amuser encore aux dépens de Jacquinet, et, pour y réussir, elles l'entourent, flattent son amour-propre en vantant ses grâces et sa légèreté; celui-ci voulant renchérir encore sur la bonne opinion qu'on a de lui, danse avec une villageoise, et par des sauts et des pirouettes extravagantes il veut prouver qu'il est le plus fort danseur du canton. Son pas fini, tous le félicitent et feignent d'être émerveillés. Fier de ses succès, il reprend son air d'importance et les défie de lutter avec lui. Ronde générale au son du flageolet et du tambourin du père Lajoie. Jacquinet a l'air de désaprouver tous les pas que Colin fait, et pour convaincre de sa supériorité, il va se mettre au milieu de la ronde et fait des sauts extraordinaires. La danse finie on propose les jeux de colin maillard et de la balançoire. Chacun de son côté se livre ardemment à ces différens plaisirs.

SCENE XVII.

Colin et plusieurs de ses compagnons proposent à Jaquinet de jouer au colin maillard, il refuse, ne voulant pas se compromettre avec des paysans, on se mocque de sa fierté, et, malgré sa résistance, on s'empresse à lui bander les yeux ; le jeux commence ; des Villageois au fond du théâtre se balançent tour-à-tour ; d'un autre côté le père Lajoie, entourés de quelques buveurs, s'occupe à vuider un broc de vin. Pendant ces différens amusemens, les deux Baillis paraissent sur le haut de la colline : pour se venger des outrages qu'ils ont reçus du père Lajoie et de sa fille, ils forment le projet d'imterrompre les danses et les jeux, sans plus tarder ils vont chercher les Sergens, les Messiers, pour en proclamer de suite la défense.

SCENE XVIII.

LES PRÉCÉDENS, Les deux BAILLIS, Sergens, Messiers, Tambour.

Après mille espiégleries faites à Jacquinet de la part des Villageois, il ne peut en attrapper aucun, les deux Baillis entrent suivis de toute la cohorte judiciaire, Jacquinet, toujours les yeux bandés, saisit son père par le bras croyant tenir un des joueurs ; on entend un roulement de tambour, Jacquinet effrayé arrache son mouchoir et marque une grande surprise. Les Villageois entourent les Baillis ; ceux-ci donnent l'ordre de déployer une affiche sur laquelle on lit cette inscription : *défense de boire, de danser et de se balancer;* puis il la font afficher dans tous les coins du théâtre. Grande consternation parmi les Villageois ; les Baillis

C

font saisir le tambourin, les brocs de vin, etc. Puis ils sortent en menaçant d'une sévère punition celui qui oserait enfreindre la défense. Jacquinet feint de sortir avec eux, mais il se glisse furtivement dans un coin, d'où il ne peut être apperçu de personne; se cache dans un tonneau pour jouir de leur disgrâce et écouter ce qu'ils disent. Les Villageois, revenus de leurs étonnemens, sont indignés de la conduite des Ballis et veulent s'en venger; transportés de colère, ils s'arment de bâtons et vont pour courir après eux; le père Lajoie les retient et les appaise, leur disant que ce n'est point ainsi qu'il faut agir; puis il cherche dans sa tête un moyen plus sûr de se venger sans se compromettre; après avoir réfléchi un instant, il trouve ce moyen. Les Villageois impatient le pressent de les en instruire, mais il juge à propos, pour la réussite de son projet, de dissimuler encore, et leur dit seulement qu'il va feindre de marier sa fille au fils du Bailli, et les engage à se retirer paisiblement ; Lucette et Colin lui rappellent la promesse qu'il leur a fait de les unir bientôt; mais il affecte de prendre un air sévère et leur fait entendre qu'il n'y a rien de fait encore, cette parole porte la mort dans le cœur des deux amans et les jettent dans la plus grande consternation. Tout le monde se retire excepté Colin et Lucette, qui encore stupéfaits de ce qu'il viennent d'entendre, ont demeurés comme frappés d'un coup de foudre.

SCENE XIX.
COLIN, LUCETTE, JACQUINET.

Jacquinet croyant tout le monde parti va pour sortir de son tonneau, Colin l'apperçoit; plus furieux que jamais contre son rival, il saute sur lui comme pour l'exterminer; Jacquinet, plus tremblant que la feuille, rentre dans le fond de son tonneau, pour se soustraire aux coups; Colin le renverse et veut l'obliger, à force de coups de pieds, d'en sortir, mais ses efforts sont vains, la peur l'a rendu immobile, il prend le parti, pour s'en débarrsser, de le faire rouler loin de lui.

SCENE XX.
COLIN, LUCETTE.

Colin va pour s'en aller, mais Lucette le retient et lui dit tristement, que puisqu'ils ne doivent plus être l'un à l'autre, il faut qu'ils se rendent mutuellement, avec leurs sermens, les gages d'amour qu'ils se sont donnés. Colin rend le ruban qu'il a à sa boutonnière; Lucette le mouchoir, etc. ils finissent par se jurer de nouveau d'être uni pour la vie.

SCENE XXI.
Les précédens, UN VILLAGEOIS.

Un villageois, ami de Colin, vient l'avertir que le père Lajoie arrive avec le Bailli et son fils, Colin s'enfuit avec lui.

SCENE XXII.
LUCETTE, Le père LAJOIE, Le BAILLI et son Fils, quatre Paysans.

Le père Lajoie arrive en tenant le Bailli et son fils sous son bras, ils sont parfaitement d'accord ; il apperçoit sa fille, prend la main de Jacquinet et va pour les unir, Lucette se refuse à ce mariage ; mais son père lui fait signe que ce n'est qu'une feinte, et elle y consent joyeusement. Jacquinet, dans son transport, saute au cou de son père, et reçoit avec honnêteté les félicitations des paysans. Le père Lajoie instruit en peu de mots sa fille de ses projets, et lui dit d'aller chercher l'autre Bailli, de lui faire croire qu'elle consent à l'épouser, il espère qu'étant séduit par cette idée, elle parviendra à le faire lui-même enfreindre la défense qu'ils ont fait de danser et de balancer. Que lui se charge, le verre à la main, de Grégoire Latreille, hors d'état de leur nuire davantage. Lucette sort. Le père Lajoie invite le Bailli et son fils à entrer chez lui pour régler les articles du contrat ; ils y consentent, et tout le monde entrent chez le père Lajoie.

SCENE XXIII.

LUCETTE, COLIN, Le BAILLI, les Villageois.

Le Bailli arrive au moment où Grégoire Latreille est entré chez le père Lajoie. Il apperçoit Lucette et vient lui renouveller ses propositions. Lucette lui dit qu'elle ne consentira à se marier avec lui que quand il aura retiré la défense aux Villageois de s'amuser. Le Bailli promet, mais Lucette lui fait entendre qu'elle ne croira à ses promesses que lorsqu'il aura partagé leurs divertissemens. Il promet de nouveau, et pour preuve de sa bonne foi, il consent à danser avec tout le monde. On finit par le placer sur la balançoire; aussitôt qu'il y est assis on l'enlève à hauteur des arbres.

SCENE XXIV.

Grégoire Latreille, Jacquinet sortent de chez le père Lajoie qui les accompagnent. Ils sont morts ivres. Grégoire demande à boire à son fils; Lucette lui indique le tonneau qui est à droite. Jacquinet, qui veut désaltérer son père, s'approche du tonneau, Lucette ôte la cheville qui le bouche; Jacquinet voyant fuir le vin met son doigt au trou; Lucette le laisse dans cette position. Ne sachant comment s'en retirer, Jacquinet met son chapeau au bas pour recevoir le vin et vient retrouver son père. Ils apperçoivent l'autre Bailli qui est en l'air et veulent se moquer de lui.

SCENE XXV ET DERNIERE.

Les précédens, Le SEIGNEUR et sa suite.

Désespoirs des Baillis en voyant le Seigneur. Plainte du père Lajoie et des Villageois. Le Seigneur gronde les Baillis, engage le père Lajoie à marier Lucette et Colin, et leur dit de continuer à s'amuser.

Ballet général.

FIN.